Chana Tausendfels

Yehuda Shenef

Trommeln in der Nacht

drei zeitgenössische Szenen nach Brecht

Neuauflage Augsburg 2023

Personen nach der Reihenfolge des Auftretens

Günther März	Vater von Sabine
Birgit März	Mutter von Sabine
Sabine, genannt Bine	Tochter von Günther und Birgit
Boris Wagner	ihr (beinahe) Verlobter
Christoph/Abdulla	zum Islam konvertierter Ex-Freund von Sabine
Herr Baumann	Zeitungsredakteur und Freund der Familie
Frau Wagner	Mutter von Boris
Dimitri	Onkel von Boris
Ümit	Kellner im „Harem"

Gäste im Lokal

Kommentator im TV

Erste Szene

Im Einfamilienhaus der Familie März, wesentlich noch im Stil der 1980er Jahre eingerichtet.

Am 13. Juli 2014

„Reichen uns acht Flaschen …?!"

Günther wiederholte seine Frage, als er keine Antwort erhielt. Nach einer Weile schallte ein genervtes

„… was?" zurück. Er kam aus der Küche in den Flur:

„Ob uns zehn Flaschen reichen, … wollt ich gerne wissen!"

„Das musst doch selber wissen", antwortete ihm seine Frau Birgit. *„Ich trink ja bloß mal einen Schluck Weizen mit Cola. Die Bine und der Boris trinken sonst auch nur ein Glas … jeder."*

„Was interessiert mich ein ‚sonst' …? Heut geht's um die Weltmeisterschaft!"

„… im Biertrinken … oder …?"

Günther, der wohl nicht wirklich zugehört hatte, rief zurück: *„Na, mir täten vier, fünf Flaschen schon reichen, … zwo pro Halbzeit."*

„Und wenn es wieder Verlängerung gibt, dann brauchst doch noch was …"

„Was für Verlängerung denn? Die feg ma doch weg, die Gautschos, … so wie die Brasilianer. Fünf-Null zur Pause, … und gut is':"

„Und hast Du vergessen, dass wir ins ‚Harem' wollten?"

„Ja, gewiss… Ich kauf einen teuren Flachbildschirm, um mir das Finale dann im Lokal anzuschauen. So schaut's aus …"

„Aber die Bine und der Boris wollen doch heute ihre Verlobung feiern."

„Heut, ausgerechnet heut? Und am Abend? Jetzt haben die so lang rumgemacht, da kommt es doch auch einen Tag mehr oder weniger auch nimmer an, oder?"

„Ja, das sagst ausgerechnet Du, wo Du doch dauernd gemeckert hast, dass sie den Christoph doch endlich vergessen soll und den Boris heiraten. Und außerdem weißt Du das seit Wochen. Und DU hast selber gesagt, dass wir diesmal schon in der Vorrunde ausscheiden."

Da die Unterhaltung offenbar länger dauern wollte, kam Günther ins Wohnzimmer, wo seine Frau auf dem Sofa saß, vor dem tonlosen übergroßen Fernsehbildschirm, der einen Verkaufssender zeigte. Birgit tippte etwas in ihr Smartphone, vermutlich eine Bestellung. Günther war darüber offensichtlich nicht erfreut, sagte zu seiner Frau

„Den einen Spinner gibt's ja auch schon lang nimmer …"

Man hörte nun Geräusche von der Haustüre. Bine und Boris betraten das Haus. Bine kommt ins Zimmer, während Boris leicht hörbar wohl die Treppe hoch ging.

„Man weiß ja gar nicht, ob er tot ist", antwortete Birgit.

„Hackst Du schon wieder auf dem Abdulla herum?" fragte Bine vorwurfsvoll und ging an ihrem Vater vorbei ins Wohnzimmer, um sich in seinen Sessel zu setzen.

„Da hörst Du's selbst", gab dieser seiner Frau zurück: *„Abdulla hat er sich ja genannt, nicht mehr Christoph - … wie konnte ich das nur vergessen!"*
Dann wandte er sich an seine Tochter: *„Da is' nix mehr da zum rumhacken. Das hat er schon selber g'macht, dein feiner Herr Muselmann. In die Luft gesprengt hat sich."*

„Das weißt du doch gar nicht", gab Bine verärgert zurück, in einem Tonfall, der erkennen ließ, dass alles nicht zum ersten Mal gesagt wurde.

„Ja, mei … Mädle, … wach auf. Das haben's uns doch vor zwei Jahren schon gesagt, bei der Polizei, beim BKA, beim Ministerium. Auch seine eigene Mutter glaubt, dass es stimmt."

„Aber ich glaub' es nicht, … dass der Christoph …"

„Abdulla, … dacht ich …?"

„Der Chris, … der Abdulla … der ist doch kein Terrorist! Der hat sich doch immer nur für Autos interessiert. Ein schneller Porsche, das war sein Traum. So einer sprengt sich doch nicht in die Luft!"

„Ja, ich weiß, der könnt keiner Fliege was zu leid' tun. Aber gegen die hat er auch nix g'habt, nur gegen die Amis und die Juden…"

„Aber so ein Tod, …? Das passt doch nicht zu ihm." Bine wandte sich hilfesuchend an ihre Mutter.
„In der Schule, da war er immer der Pazifist. Der hat sich nie mit anderen geschlägert oder so. Wenn ihn einer beleidigt hat, ist er immer ausgewichen, … hat sich sogar entschuldigt."

„Ein Feigling eben. Sag ich doch", entgegnete ihr Vater.

„Gerade eben war er noch ein Terrorist…"

„Ja und? Terroristen sind immer Feiglinge oder ist es jetzt auch mutig, unbeteiligte Zivilisten anzugreifen?"

„Trotzdem. Da passt nicht zu ihm. Er war doch immer der Pazifist, Tierschützer, Vegetarier, …"

„Kiffer, nicht zu vergessen", steuerte Günther bei, um leicht amüsiert, den erwarteten ärgerlichen Blick seiner Tochter zu erhalten. Die fuhr fort: „Für die Delphine hat er auch gespendet …"

„So ein Gemüt lässt sich wohl nur verbal aufrüsten" sagte Birgit, deren Aufmerksamkeit noch immer dem Bildschirm und ihrem Handy galt.

„Egal" sagte Günther nach einer kurzen Pause: „Der Kerl ist jedenfalls längst verfault und vermodert, falls was dafür übriggeblieben ist, … überhaupt."
Er machte nun einige theatralische Handbewegungen:
"Bäng, bumm … in die Luft gesprengt hat er sich laut BKA. Da ist kein Knochen mehr beim anderen geblieben. Sieh es ein, Mädchen. Bumm, bäng-bäng, kein Abdulla mehr, … der

ist im Paradies mit seinen siebzig Jungfrauen. Der braucht Dich nimmer."

„Günther" ermahnte ihn nun seine Frau.

„Ach hört mir doch auf! Dauernd dieses Mitleid mit den Fanatikern. Da ist mir ja sogar der Jud noch lieber!"

„Papa!" empörte sich auch die Tochter.

„Ja, hör Du nur mal die Wahrheit, Tochter. Verfault ist er Dein Abdulla. Der sieht nimmer gut aus. Der wird nicht mal mehr `ne Nase haben…"

„Was Du alles weißt, Papa", ironisierte nun die Tochter: *„Übrigens ist der Boris auch kein Jude, sondern einfach ein orthodoxer Christ. Er hat nur einen jüdischen Vater oder Großvater. Das zählt bei den Juden nichts. Das hab' ich Dir auch jetzt auch schon zigmal gesagt."*

„Der Vater zählt nichts, … das hab' ich schon rausgehört. Aber ein Jud war er trotzdem … aber heutzutage ist ja niemand mehr was Eindeutiges. Jeder konvertiert hin und her, als wär's ein Urlaub. Der Taliban ist ja auch nur interessant für Dich, weil er abgetaucht ist und Dich hat sitzen lassen. Wär' er hier geblieben, wär's auch Dir klar, dass er ein Versager ist… So ist er ein Rätsel. Glaub mit, ich kenn' das. Mein seliger Vater war in Russland in Gefangenschaft, …"

„Bitte, die Geschichte nicht auch wieder …", seufzte die Tochter etwas aufgesetzt.

10

"... Deine Oma hat ihn jahrelang vermisst. Und weil er weg war, hat sie ihn idealisiert. Was für ein tüchtiger Kerl er dann plötzlich war und wie sehr er sie geliebt hat. Dabei war er dauernd gesoffen, hat sie vergewaltigt im Suff ... und sonst nie angerührt. Und dass er ein rechter Nazi war, hat sie dann auch nimmer gestört..."

„Da hat er schon recht, Dein Vater", stimmte Birgit zu, die wohl mit ihrer Bestellung fertig geworden war und nun auch den Fernseher ausschaltete: *„das haben alle bestätigt, die was drüber gewusst haben."*

„Das ist ihr dann ja auch selber wieder eingefallen, als er zurück ist. Zum Glück ist er nach zwei Jahren auf der Autobahn geblieben. Manchmal ist es halt besser, wenn einer der verschwindet, auch verschwunden bleibt."

Nach einer Weile betretenem Schweigen von allen, betrat nun Boris das Zimmer, der wohl einen Moment zugehört und abgewartet hatte.

„Servus Meister" rief er und wandte sich an den Vater seiner Freundin: *„Wie hoch geht's heute aus?"*

„Drei zu null, Minimum, jede Wette."

„Da wäre ich skeptisch", erwiderte Boris und setzte zu Sabin auf die Lehne von Günthers Sessel, was diesem sichtlich missfiel. *„Ich tipp' eher auf Elfmeterschießen."*

„Du, Boris, sag dem Günther doch bitte ... weißt schon, wegen heut Abend" sagte Birgit und ging nun auf ihren Mann zu, um ihn zu umarmen ... und als Boris nicht

reagierte, lieferte sie ihm das passende Stichwort zu ihrer Aufforderung: „… *Verlobung*!"

„Ja Chef, Bine und ich wollen heute Abend endlich die Verlobung feiern, im ‚Harem' drüben."

„Wie? In der Türkenkneipe? Geht's noch? … ja, aber, … was ist mit … und das Endspiel? Kommt nicht in Frage. Ich hab' doch extra den Großbildschirm gekauft. 117 cm Diagonale" HD, 3D, und was noch …"

„Gibt's im ‚Harem' doch auch und bessere Stimmung dazu. Essen und Trinken in jeder Menge. Denk an Deine Hackfleischpizza … Tische sind reserviert … es kommen noch mehr Leut' … und alles geht auf meine Rechnung!"

„Ich würde mir auch jede Menge Arbeit sparen", fügte Birgit hinzu und so konnte Günther nicht mehr umhin, zuzustimmen, wenngleich offenkundig widerwillig.

„Ihr müsst nur vorgehen, um die Tische zu besetzen, am besten gleich. Ich und Euere Tochter wollen uns noch umziehen und für Euch schön machen."

„Gut, … dann machen wir's halt so." Günther gab nach und küsste seine Frau auf die Wange, umarmte dann seine Tochter und deren künftigen Verlobten, die sich rasch erhoben hatte. Sein fiel Blick fiel dabei auf seinen Sessel. Dann gingen die Eltern aus dem Zimmer. Im Flur hörte man Geräusche wie etwa vom Hantieren mit Schlüsseln, etc.

Dann hörte man Günther noch sagen: *„Pack ich's noch! Elfmeterschießen!"*

Nun verließ auch Bine den Raum und ging über die knarrende Holztreppe nach oben, um sich umzuziehen. Boris blieb im Zimmer und zog seine Hose aus. In Boxershorts stehend sang er leise vor sich hin:

„Ein Hoch auf uns, auf dieses Leben" Auf den Moment, der ewig bleibt!"

Er kratzte sich im Nacken und wollte aus dem Flur eine Einkaufstüte mit der neugekauften Hose holen:

„... ein Feuerwerk aus Endorphinen ..."

als es an der Tür klingelt. Er zog sich hastig die Hose an und stolperte mit ihr zur Tür. Vor dieser stand ein dicklicher, älterer Herr mit Bart. Boris, der im Haus der Familie März aus- und einging, erkannte ihn als besten Freund seines künftigen Schwiegervaters:

„Grüß Sie Gott, Herr Baumann. Günther und Birgit sind gerade zum 'Harem', Endspiel anschauen."

„Hallo Boris. Jetzt schon? Etwas früh, oder?"

„Ja, sie wollen Platz halten. Wird dort wohl voll werden heut Abend. Außerdem gibt's auch noch was anderes zu feiern. Bine und ich verloben uns heute."

„Tatsache? Glückwunsch!"

„Ja, danke. Bine ist gerade oben und zieht sich um."

Beide stehen sich etwas ratlos gegenüber. Boris weiß nicht, ob er den Besucher hereinbitten soll, der aber hatte wohl damit gerechnet, Zeit hier zu verbringen, vor dem Fußballspiel.

"Wissen Sie denn schon die Schlagzeilen für Morgen, Herr Baumann?"

"In der Redaktion gehen wir schon davon aus, dass Deutschland es packt. Zwar kein weiteres sieben-zu-eins, aber noch ungefährdet, würd' ich meinen."

"Ich glaub, es gibt Elfmeterschießen."

"Na, ... wir werden sehen."

"Wollen Sie nicht reinkommen, Herr Baumann? Die Bine kommt sicher gleich."

Baumann zog sein Mobiltelefon aus der Jackentasche und scrollte über dessen Bildschirm: *"Ich muss erst mal schauen, wie es terminlich weitergeht…"*

"Ich wollte auch mal Journalist werden", versuchte Boris nun die Stille zu füllen: *"Ich hab' mich sogar mal bei Ihnen beworben!"*

"Ach, tatsächlich … Wir kriegen halt sehr viele Bewer…"

"Macht gar nichts, Herr Baumann. War doch ein Glück für mich, dass da nichts draus geworden ist. Mit dem Autohaus bin ich jetzt so dick im Geschäft. Echt bombig! Als Journalist wäre ich wahrscheinlich doch arbeitslos."

"Gut möglich. Die Branche leidet sehr. Alles ist zur Ware geworden. Inhalte sind austauschbar. Kaum ein Text, der

nicht schon dreimal recycelt worden ist. Alles wird noch mal vermarktet, wenn man die Werbetrommel nur laut genug schlägt."

Bine kam im neuen schicken roten Kleid, das ihre Blässe freilich etwas zu sehr betonte, und war überrascht, Herrn Baumann im Flur stehen zu sehen. Sie begrüßten sich lässig per Handschlag wie gute Freunde. Herr Baumann nickte anerkennend: *"Gratuliere!"*

"Danke, danke" sagten Bine und Boris einträchtig.

"Rääääschpekt, wie wir Schwaben sagen!"

"Ich habe oben im Lokal-Radio gehört, dass es eine Warnung geben soll", sagt Bine nun, ohne beunruhigt zu wirken. Sie schien das eher als Kuriosität aufzufassen.

"Ja, in ganz Bayern gilt erhöhte Wachsamkeit wegen irgendwelchen Islamisten, die aus Syrien oder aus dem Irak eingereist sein sollen … und weil heut ja das Endspiel ist, denk man im Innenministerium wohl, dass sie ein bablikfu'ing in die Luft jagen könnten!"

"Ach so, also … nix ernstes, oder?"

"Na, glaub i ned", antwortete Baumann schwäbisch und sah dann auf Bine und Boris, die sich umarmten: *"So ein schönes Paar seid's Ihr."*

Dann fasste Baumann sich: *"Also macht es gut, Ich muss weiter. Ich schau' später mal im ‚Harem' vorbei."*

Er verließ das Haus. Boris langte in seine Jackentasche an der Garderobe und fischte eine schwarze Schachtel heraus, darin die erwartbaren Ringe. Er öffnete sie kurz, lächelte, schloss sie wieder. Bine stand etwas abseits von ihm und sah ihn neugierig an und lächelte zurück.

Dann klingelte es wieder an der Haustüre. Boris ging ins Wohnzimmer und Bine öffnete dieses Mal. Mit großem Elan riss sie die Türe auf, um sogleich wie festgefroren stehen zu bleiben.

Vor ihr stand nun ein sehr ungepflegt wirkender Mann mit Vollbart und wirren Haaren, mit einer olivgrünen Pluderhose, T-Shirt, mit einigen Tüchern um Hals und Oberkörper, auf dem Kopf eine bunte Mütze. Alles wirkte weder neu noch sauber. An der Schulter hing eine übergroße, wohl neue weiße Sporttasche und in der Hand baumelte ein dünnes, längliches Kettchen mit kleinen Holzkügelchen, womit der Mann offensichtlich nervös herumspielte.

Es war Bines früherer Freund Christoph, der vor Jahren zum Islam konvertierte und sich Abdullah nannte, dann in den Nahen Osten zog, um den dort bedrohten Islam zu verteidigen.

Er begrüßte Bine mit einem breiten Grinsen und holte weit zu einer Verbeugung aus, wie man sie aus Mantel-und-Degen-Filmen kennt, ganz so, als hätte er die Pointe nicht nur richtig vorhergesehen, sondern würde sie auch ebenso sehr genießen:

„Salam alekum, schöne Maid, … warum so erschrocken? Hast auch sinnlos Geld für Kränze vergeudet wie meine Mutter?"

16

"Ich…? Äähh… Chris, … bist Du … Abdul … la bist es Du?"

Bine konnte nur stammeln. Den Freudenausbruch, den sie sich jahrelang bei seiner erträumten Wiederkehr ausgemalt hatte, war das nicht.

"Ja, ich bin es, leibhaftig, weder Dschinn, noch Tonic, … ich Höchstselbst, zur Feier des Tages. Ich hoffe, ich komme gelegen!?"

Wieder bei sich und mit dem Wissen, dass sicher gleich auch Boris zur Türe kommen würde, entgegnete Bine:

"Was willst Du?"

Er grinste sie nur an, während sie sichtlich nervös immer wieder umblickte.

"Mein Gott, wie Du aussiehst! Hast Du nichts Besseres gefunden in all den Jahren?"

"Du hast es offensichtlich besser getroffen, was die Kleidung angeht. Fesch. Steht Dir gut. Aber noch besser passt Du freilich zu mir."

Bines Befürchtung bestätigte sich, denn schon stand Boris hinter ihr, der beim Anblick des seltsamen Mannes vor der Türe zu lachen anfing: *"Kann man dem helfen? Hat der den Aschermittwoch verpasst?"*

Sabine nimmt Boris bei der Hand: *"Das ist … Christ… of… er…, … er … ist".*

"Falscher Film, … versteh gerade nicht … was …", gab Boris ebenso verdutzt zurück. Er war sich nicht sicher, ob er die Situation richtig erfasst hatte.

"Christopher alias Abdulla, es war oft von ihm die Rede."

"Oh, dann hat sich der Günther aber wohl getäuscht", verstand Boris nun lachend: *"… dann hat man wohl die Mumie wieder zusammengeflickt."*

"Salam, Bruder" grüßte Abdulla den Mann hinter Bine, fast so, als wollte er diesen zugleich auch besänftigen.

"Salami gibt's im Kühlschrank, … oder gleich drüben im ‚Harem'. Da wo die Bine und ich heut Abend unsere Verlobung feiern, … und die Weltmeisterschaft. Kannst ja auch kommen. Aber ich geb' Dir einen gesunden Rat: sei brav und benimm Dich. Ich spendiere Dir auch `nen Raki. Denn heut wird Geschichte geschrieben."

Zweite Szene

Im großen Gastraum des brechend vollen und lauten Lokals ‚Harem'. Zwei Großbildschirme und eine Menge alkoholisierter und aufgeregter Leute, die lustvoll aßen und tranken und dabei immer auch wenigstens mit einem Auge angespannt auf einen Bildschirm starrten.

Gelegentlich rief einer dem anderen was ins Ohr, meist aber kommentierten mehrere Leute gleichzeitig durch laute Zwischenrufe das Spielgeschehen im TV, etwa um den Schiedsrichter darauf aufmerksam zu machen, dass das gerade doch kein Foul war, oder vorhin auf jeden Fall niemals Abseits.

Das Endspiel befand sich bereits in der Endphase der regulären Spielzeit und es deutete sich bereits an, dass es Verlängerung und womöglich eventuell sogar noch Elfmeterschießen geben würde.

Immer wieder wechselten sich deshalb ruhige und sehr hektische, aufgeregte Momente ab mit aufbrausenden Schreien, dazu Klirren von Gläsern und Besteck, Rufe und Gemurmel.

„Das wird ein Traum. Die Nacht vergessen wir nie. Das können wir unseren Enkeln noch erzählen. Das wird ein Hupkonzert bis morgen früh in der Stadt … und dazu Du als meine Braut. Wow!"

Boris lachte Sabine verliebt an. Sie antwortete:

„Wenn Deutschland gewinnt, gibt es für eine ganze Stunde Freibier, hat der Wirt gesagt. Da bin ich aber mal gespannt, ob der sein Wort hält…"

„Ich hab doch gesagt: Elfmeterschießen gibt's."

„Ich fühl' mich nicht gut. Ich geh' an die frische Luft" sagte Sabin Boris ins Ohr und ging leicht benommen vom Tisch weg, durch die anderen Tische und Stühle hindurch zur Eingangstür.

Dort stand Abdulla mit gesenktem Haupt. Neben dem Personal war er offenbar der Einzige im Lokal, der nicht wenigstens ab und an einen Blick auf einen der großen Bildschirme warf.

„Gratuliere Bine, Ihr gebt ein super Brautpaar ab", rief ihr der mit vollen Händen vorbeilaufende Ümit zu, der im „Harem' als Kellner arbeitete. Sabine lachte ihm entgegen.

„Christoph!" sagte sie zu Abdulla.

„Ja, Bine. Bine, endlich!" antwortete dieser.

„Wie konntest du nur so lange wegbleiben. Hat Dich der Krieg da unten aufgehalten?"

„War ich denn überhaupt weg? In Gedanken war ich doch immer bei Dir. Weißt Du das? Nur bei Dir, Schatz."

Eine vergebene Torchance für die deutsche Mannschaft löst ein lautes Getöse im Lokal aus.

20

Etwa dreißig Leute springen hoch und schreien, nur um dann zu schimpfen und auf die Tische zu knallen, wobei sicher ein oder zwei Gläser umkippten. Die Gäste teilten zudem offenkundig auch nicht die Einschätzung des TV-Kommentators, der feststellte, dass der Schütze, der knapp übers Tor schoss, ohnehin im Abseits gewesen sei und protestierten dagegen…

„Ich hab Dich ja auch überall gesehen, anfangs, hab es mir nur eingebildet, … ich wollt es mir doch einbilden" sagte Sabine zu ihm. Sie sah etwas, vom Geschrei der übrigen Lokalbesucher neugierig geworden, zum TV, dann wieder zu ihm.

„Zuerst hab ich mich von allen trösten lassen, dann mit der Zeit haben sie angefangen, mich zu ärgern und zu verspotten. War schon hart. Kaum ein Tag ohne dumme Kommentare. Bis heute."

„Wollen wir etwas rausgehen?"

„Nein, Chris, das geht nicht. Ich feiere heute Verlobung. Boris ist da, meine Eltern, seine Familie, ein Dutzend Freunde. Sei froh, dass wegen dem Spiel keiner auf Dich achtet. Sonst gib es heut noch was."

„Mach Dir keine Sorgen, Bine. Ich hab' keine Angst vor denen, vor niemanden, … wenn Du nur zu mir hältst. Ich hab' kämpfen gelernt. Das kannst Du mir glauben."

„Wie Du redest…"

21

"Bin ich denn auch ein Gespenst für Dich? Alle tun so, als wär' ich nicht mehr, als wär' ich tot und komm' zu spät zu meiner eigenen Beerdigung."

„*Foul. Das war Foul*" war sich die Menge der Gäste im Lokal sicher.

„Ach rede doch nicht so, Chris" antwortete Abdulla.

„Ich war im Krieg, verstehst Du das denn? Tausende Tote. Verletzte, überall. Zerfetzte Leiber, Frauen, Kinder, Füße, Köpfe. Hier schreien sie nur rum wegen einem dummen Fußballspiel, weil wer ,ne andern wegschubst ... wie soll ich denn reden?"

Ümit kam wieder vorbei und beugte sich zu Sabine: „*Bine, Dein Bräutigam wartet am Tisch. Du solltest zurück gehen. Das ist nicht okay hier…*"

Zu Abdulla sagte er: „*Und Du, Taliban, Du gehst besser. Wir wollen hier keinen Ärger. Heut' ist hier Feiertag. Respektier das!*"

Bine nickte dem Kellner zu, dann gab sie Abdulla kurz die Hand und ging zum Tisch in der Mitte des Raumes zurück.

Abdulla verließ das Lokal, bleib aber im Eingang stehen, wobei er sich eine Zigarette anzündete. Dem türkischen Personal war bei seinem Anblick nicht recht wohl. Die volle Aufmerksamkeit galt freilich weiterhin dem Spiel.

Am Tisch fragte Frau Wagner ihren Sohn Boris mit starkem russischem Akzent:

22

„Wie lange Spiel noch dauert? Wann wollt Ihr Verlobung sagen zu die Leute? Wann Deutschland wird gewinnen, es wird sein Trommeln in der Nacht … aber ich muss morgen früh … Arbeit. Fließband macht nicht frei für Fußball…"

Dimitri, Boris' Onkel hob sein Glas und grüßte damit die jüngeren Freunde von Boris und Sabine, die alle mehr oder minder bärtig waren oder Baseballmützen trugen. Die Frauen hatten lange, glatte Haare und trugen bunte Kleider.

„Egal, heute wir feiern Bine und Boris und Deutschland, hier bei diese Türke mit Cola, mit Bier und Vodka. Multikulti, Nasdarowje!"

„Jo, Bi-änd-Bo, sowieso, Prost …" rief einer der Freunde zurück.

„Wann ist Hochzeit", fragte ein anderer.

„In drei Wochen", antwortete Boris.

„Stimmt, was Mutter von Bine hat gesagt, … Idiot, diese Taliban ist zurück."

Boris (zeigt mit dem Finger): *„Pisdetz. Da hinten steht er, bei Speilautomaten an der Tür. Der mit dem Bart."*

„Welche?" fragte Boris' Mutter zurück: *„… heute haben fast alle Kinder schon Bart. Ist diese Arabische?"*

„Ah, … bitte. Das ist doch nur Kostüm. Kennst Du blonde Araber?"

„Hör auf mit Witzen, Boris!"

„Ja, hör auf Deine Mutter" sagte nun Sabine zu ihm von der anderen Seite.

„Wo ... warst Du? Was hast Du denn noch mit dem zu schaffen?"

„Wir haben uns vier Jahre nicht gesehen. Da gibt es viel zu klären, viele offene Fragen…"
„Ach ja? Am besten ruft man die Polizei. Denk daran, was Herr Baumann gesagt hat. Vielleicht ist er ja gekommen, um uns in die Luft zu jagen…"

„Panikmache".

„Oder er nimmt Geißeln. Sieht der so aus, als wenn der noch was zu verlieren hätt'?"

„Doch ... mich."

„Was? ... waaaas?" Boris war erschrocken.

Der Schlusspfiff ertönte keine zwei Sekunden später.

Fast alle sprangen oder standen auf, wissend, dass es nach einigen wenigen Minuten mit der Verlängerung weitergehen wollte. Der richtige Moment also, aufs WC zu gehen, etwas am Tresen zu bestellen, oder vorm Lokal zu rauchen.

Dutzende Stimmen redeten durcheinander, der Ton des Fernsehers wurde zur Entspannung leiser gestellt. Aus dem Stimmengewirr hörte man ab und zu „Elfmeterschießen", öfter auch bloß „schießen".

24

Ein paar Augenblicke später trafen Boris und Abdulla am Tresen neben dem Eingang aufeinander. Boris war in Begleitung von Sabine. An der Bar standen auch ihre Eltern und einige Freunde. Trotz des offiziellen Verbots rauchten doch einige, jedoch in der Art von Schülern, die sich nervös umblicken, um nicht erwischt zu werden und deshalb hastige Züge einsogen und umher sehen. Den Wirtsleuten war es an diesem Abend jedoch wohl auch egal. Während des Weltmeisterschaftsendspiels würden Polizei und Ordnungsdienst sicher auch keine Kontrollen machen, um hier Übertretungen zu ahnden.

„Na, Taliban, wie wär's mit einem Schnaps?"

„Ich trinke keinen Schnaps."

„Auch keinen Raki? Unsere Türken hier trinken alle Raki."

„Nein. Es hängt zu viel davon ab."

„Keine Sorge, ich zahl doch die Zeche. Bist eingeladen, Taliban!"

„Alkohol verwirrt die Sinne."

Bei Dir geht das ja wohl auch ohne" zischte Boris zurück, dessen Stimmung sich änderte. Offenbar war er bereits etwas angetrunken und von der Bemerkung verärgert.

Sabine spürte, dass sich die Stimmung schnell anheizte und stellte sich zwischen die beiden.

„Wie lang soll die Hundskomödie hier denn noch weiter gehen?" fragte Abdulla lauthals.

25

„Nach dem Spiel werden wir was bekannt geben" sagte Sabine nüchtern, fast ungehört und mehr zu sich selbst.

Boris zu Sabines Vater Günther: *„Dem ist in der Wüste das Gehirn eingetrocknet."*

„Dazu müsst' er erst mal eins gehabt haben" antwortete dieser. Beide lachten stießen mit ihren Schnapsgläsern an.

Als er den müden Blick von Sabine bemerkte, die sich mehr mit den eigenen Gedanken als mit ihm befasste, wandte er sich wieder an Abdulla.

„Was soll eigentlich diese Aufmachung hier? Willst Du den Türken hier erkläre, wie man sich als Moslem kleidet, oder was soll das?"

„Was kümmert Dich meine Kleidung? Meinst Du, Dein Pseudo-Rapper-Outfit kommt besser?"

„Naja, passt halt zu meinem Porsche, Freund Taliban."

„Du und Porsche. Da lach ich!"

„Autohaus Seger, sagt Dir ja wohl noch was? Gehört meinem Onkel."

„Porsche. Ich lach mich krank."

„Ja, Porsche. Was lachst Du? Steht wohl nicht auf der Terrorliste, he …?"

Nun mischte sich der auch bereits beschwipste Günther wieder ein: *„Unser Held hier hat für uns alle gekämpft, um den Orient vor unserer westlichen Dekadenz zu bewahren."*

„Oder dafür, dass dei' Tochter jetzt hinter `nem Müllsack rumlaufen muss," fügte Boris an.

„Hört doch auf mit Euerem Gerede. Das Spiel geht auch gleich weiter." Sabine versuchte so die Aufmerksamkeit umzulenken.

„He, Taliban. Hab gehört, Du bist klamm. Nicht mal Deine Mutter soll noch was von Dir wissen wollen. Ich kauf Dir Dienen Turban und die Pluderhose ab. Fünfzig Euro, bar auf die Hand. Wie schaut's aus? Hundert?"

Sabin kicherte leicht, offenbar überrascht von der Idee. Abdulla bemerkte es.

„Sag, Bine, schämst Du Dich für mich?"

„Quatsch. Aber was anderes anziehen hättest schon können. Wie meinst Du wirkt das auf die Türken hier?"

„Also gut, dann ruf ich hundertfuffzig auf? Nein? … Auch nicht? Zweihundert? … letztes Gebot. Fürs Museum." Boris versuchte seinen Scherz weiterzutreiben, zugleich wurde der Fernseher auch wieder lauter gestellt.

„Meine Mutter hat mich wieder rausgeworfen, nach nicht mal zehn Minuten", sagte Abdulla zu Sabine.

„Ein echter Herzensbrecher" lachte Günther und drehte sich zum Fernseher.

„Und? Was ist, Taliban?"

„He, Porsche, geht's noch bei Dir? Was willst Du mit meiner Hose? Machen Fußballer keinen Trikottausch mehr?"

„Also tauschen will ich mit Dir sicher nichts. Ich würde es stiften."

„Wem denn?"

„Der Trachtenberatung."
Ein lauter Aufschrei erschallte im ganzen Lokal wegen einer weiteren Torchance.

„Worum geht es hier noch?" fragte Günther bei Boris nach. *„Wir dachten doch alle, dass der längst Märtyrer bei Allah ist. Aber na ja, wahrscheinlich sind inzwischen die Jungfrauen knapp geworden."*

„Oder sie werden sich an seinem Gestank stören."

„Auch möglich", pflichtete Günther lachend bei. Bei stießen erneut mit ihren Raki-Gläsern an.

„Sag mal, Taliban, kennst Du sowas wie Seife? Wasser, Hygiene …? Nur mal so als Frage, Taliban!"

Abdulla, gereizt über die anhaltenden Sticheleien von Boris, wandte sich zu Sabine: *„Sag mal, Bine, … was ist das für einer? Der ist doch eine sprechende Abortwand, randvoll mit Drecksgelaber. Sag, liebst Du sowas?"*

Sabine lacht und trinkt.

28

„Bine, sag mir! Liebst Du den schwulen Hampelmann?"

Ümit der Kellner hatte einen Teil der Unterhaltung im Vorbeigehen aufgeschnappt und richtete sich nun an Abdulla:

„Ich hab' Dir vorhin schon gesagt, dass Du hier keinen Ärger machen, sondern gehen sollst."

„Was denn? Ich red' nur mit meiner Freundin. Ist doch wohl erlaubt, oder?"

„Ach, Deine Freundin ist sie? Oha...!" mischte sich nun Günther wieder ein.

„Wer ist schwul?" fragte Boris aufgebracht, nachdem ein Freund ihm etwas ins Ohr geflüstert hatte.

„Niemand", antwortete Ümit: *„und der Taliban geht jetzt."*

Abdulla schnappte sich nun das Schnapsglas, das seit einiger Zeit unbenutzt vor ihm am Tresen stand und prostete dem Kellner zu; *„Nachher, Arkadasch!"*

Sabine, die wie alle außer Abdulla der Unterhaltung wegen des Fußballspiels nur halbherzig folgte, lachte und freute sich sichtlich, dass Abdulla den Schnaps trank und schüttete ihm sofort nach, woraufhin er sofort das zweite Glas leerte und ihr zulächelte.

Und abermals kippte Sabine nach, so als herrschte zwischen beiden nun ein neues Einverständnis.

Ümit, über die sichtliche Wendung überrascht, wischte mit einem Tuch über die Theke, wandte sich dann anderen Gästen zu.

Boris sprach ihm in den Rücken:

„Ümit, Freund. Sag dem Kerl doch mal, was Du mir vorhin gesagt hast. Einem Türken glaubt er das vielleicht eher."

„Boris. Ich glaub es geht hier gar nicht um Politik, sondern um Liebe."

„Das ist doch Wahnsinn, Mensch!"

„Wer sagt denn, das Liebe vernünftiger sein muss als Politik!?"

Die erste Halbzeit der Verlängerung ging ebenfalls torlos zu Ende und auch im ‚Harem' bereiteten sich schon alle auf das wahrscheinliche Elfmeterschießen vor.

In der kurzen Pause gingen wieder einige zur offenen Türe, zum Rauchen oder auf die WCs. Auch wurden wieder neue Bestellungen aufgegeben und ausgeführt.

„Schau Papa, wie ich gesagt hab'" stieß Boris seinen künftigen Schwiegervater an.

Der nickte anerkennend: *„Hauptsache, wir g'winnen."*

„Was meinst Du denn damit", wandte sich Boris sogleich wieder Ümit zu, während das Spiel im Fernsehen nach dem obligatorischen Seitenwechsel weiterging.

„Ist das schwer zu verstehen? Er hat Bine sitzenlassen und sie hat trotzdem auf ihn gewartet. Bis heute."

„Ach so? Und ich? Was ist dann mit mir?"

„Es ist halt nicht alle Gold, was stinkt" stichelte Abdulla nach seinem dritten Schnaps in wenigen Minuten.

„Halt Du doch Dein Maul", schrie Boris hitzig zurück und wollte sich auch schon auf ihn stürzen. Günther und andere Gäste, die sich trotz des Spiels umdrehte, hielten ihn jedoch zurück.

„Lass es Bine entscheiden" rief Ümit Boris zu. Der ließ sich wieder beruhigen, kochte aber innerlich vor Wut, ohne Gewissheit, an wen er sich nun richten sollte.

„Was haben Regierungen und Säufer gemeinsam?" fragte Günther übergangslos während er sich und Boris einen weiteren Raki nachschenkte.

„Was …?" Boris verstand die Frage nicht, bemerkte aber, dass er zeitgleich mit Abdulla das Glas erhob und dieser ihm lächelnd zuprostete. Im Lokal wurde es wegen des Spiels wieder lauter.

„Ganz einfach. Wenn die Regierung einen Krieg anfängt, sagt sie, dass es der letzte ist, genauso wie der Säufer beim Schnaps, Verstehst?"

Günther lachte und prostete Boris jetzt auch zu. Boris reagierte nicht weiter, sondern sah wütend zu Sabine, die sich nun zu Abdulla gestellt hatte, jedoch ohne ihn zu berühren. Ihr Blick war auf den Bildschirm gerichtet.

31

„Ohne Polizei gibt's dann auch keine Scharia."

Günther, der mittlerweile ziemlich besäuselt war, und Kraft und Orientierung fehlte, seinen Kopf erneut zum Bildschirm zu drehen, versuchte nun, Abdulla in ein Gespräch zu ziehen, obwohl dieser nicht auf ihn reagierte.

„Kein Kalifat ohne Faschismus. Ka… piiiierscht Du … das?"

Ümit oder jemand anders hatte den Fernseher nun noch lauter gestellt, wohl auch, um damit die Streitereien zu übertönen. So beherrschte nun der Kommentar aus dem TV die Szenerie.

Man hörte den TV-Sprecher des Endspiels: *„111 Minuten sind vorüber. Regulär noch vier, … dann … in Rio … ein Elfmeterschießen, am Ende der zwanzigsten Fußballweltmeisterschaft."*

„Kann der rechnen, … der Schwätzer? Das Spiel dauert 120 Minuten …" rief Boris in die Runde, die mit *„Jawohl, so isses"* antwortete.

Kommentator: *„Aber da gibt's vorher noch diesen einen Geniestreich. Schon wieder ein Foul!"*

Alle im ‚Harem' sind lauthals empört darüber, was der Kommentator ein *„ganz klares Foul"* nennt.

Der Kommentator aus dem Fernseher meldet sich zu Wort: *„Ich muss Dich korrigieren, es sind neun Minuten, … noch …"*

Boris und Günther hatten nun sogar die Arme um ihre Schultern gelegt. Der Co-Kommentator fuhr fort:

"Jetzt noch acht Minuten zu spielen in der Verlängerung ... danach gäb's dann Elfmeterschießen. Und jetzt kommen sie noch mal ... die Deutschen ... über die linke Seite. Der Ball kommt in die Mitte rein ..."

(plötzlich ganz aufgeregt und laut): *"REIN ... die Möglichkeit ...! Götze, Götze ...! Tooooooooor, Toooor für Deutschland. Mario Götze macht das Eins-zu-null."*

Alle sprangen auf, schrien, tanzten, umarmten sich. Ein Tumult entstand. Geschirr und Gläser kippten. Immer wieder ertönten wilde „Tor"-Schreie. Dann angespannte Aufregung. Die meisten bleiben stehen.

Boris war nach dem Treffer zu Bine hinüber gegangen, umarmte und küsste sie: *„Ich hab's Dir gesagt, heut ist unser Tag"*, doch Bine wehrte ihn ab und schließlich stieß sie ihn von sich.

Boris aber verstand ihre Reaktion nicht oder war vom Fußballspiel überwältigt. Er lächelte voller Vorfreude zum Bildschirm und rief: *„Deutschland! Deutschland!"*

Dritte Szene

Stunden später im selben Lokal. Die meisten Gäste sind längst gegangen. Auf den Straßen ziehen noch immer vereinzelte Gruppe angetrunkener, schreiender Fans durch die Straßen, Fahnen, Trommeln oder Tröten. Ab und an klopft jemand an die Fenster des Restaurants.

Immer wieder hört man „Deutschland, Deutschland"-Rufe oder Bruchstücke von Liedern wie „An Tagen wie diesen". Unüberhörbar sind auf den Straßen auch noch immer zahlreiche hupende Autos unterwegs, die mit ihrem Getöse sogleich auch wieder die Leute auf den Straßen hochschaukeln und umgekehrt.

Ganz anders ist die Stimmung im ‚Harem'. Die Freude ist gewichen. Es herrscht Katerstimmung. Boris trägt einen leicht blutig gefärbten Verband am Kopf. Er wird am Tisch von Günther, seinem Onkel und Ümit, dem Kellner versorgt. Sabine sitzt mit ihrer Mutter und Abdulla an einem anderen Tisch, zwischen beiden Tischen ist das Lokal leer.

Im Hintergrund läuft noch immer der Fernseher mit Reportagen rund um das Spiel. Immer wieder ist das Siegtor zu sehen, die Pokalübergabe, Interviews mit Spielern, Politikern und sonstigen Prominenten. Der Ton ist aber recht leise gestellt.

„Das hast Du Dir nun selbst zuzuschreiben" erhob Birgit Vorwürfe über die Tische an Boris: *„Unsere Tochter als Hure zu schimpfen."*

"Ich hab ihn zweimal gewarnt" pflichtete Abdulla bei, offenbar in Gewissheit darüber, dass Sabines Mutter auf seine Seite gewechselt war.

"Bitte, was? Ohne jede Vorwarnung ist es aufgetaucht, das Gespenst. Wir wollten doch heute Verlobung feiern, endlich. Schon vergessen?"

"Ja, das kannst Du jetzt vergessen", verkündete Sabines Mutter mit endgültigem Tonfall: *"Der Zug ist jetzt aber abgefahren".*

"Man kann sich halt nicht überall einkaufen", raunzte Abdulla übermütig in Richtung von Boris.

Durch die Fenster sah man eine Kolonne vorbei-sausender Rettungs- und Polizeiwägen mit Blaulichtern und Sirenen.

"Ist ja prima. Schön, dass ich den ganzen Hausrat schon neu gekauft hab und die neue Wohnung fast eingerichtet ist. Hat mich 'ne Stange Geld gekostet." Boris hatte sich wieder gefangen. Seine Helfer ließen von ihm ab. Sein Onkel legte die Hände auf Boris' Schultern.

"Sagt doch keiner was …" wandte Birgit ein, vielleicht um zu beschwichtigen: „… vielleicht schlafen wir alle noch mal `ne Nacht drüber…" Dabei schaute sie fragend zu ihrem Mann Günther. Der jedoch schien resigniert zu haben.

"Nene, der Zug war vorhin angefahren, hat's geheißen. Morgen kündige ich den Mietvertrag wieder. Das war's dann. Die Kaution kann ich verschmerzen. Das Inventar wird locker im Internet versteigert und den Erlös spend' ich dann

Gewaltopfern. Ja, genau so mach' ich das, dann hat es auch was Gutes am End'…"

„*Ja, ja, so ist das. Das Geld schafft den Streit und die Familie soll's verhindern. Es ist immer wieder dasselbe, im Großen, wie im Kleinen. Was für ein Desaster*". Auch Günther war inzwischen wieder nüchterner geworden.

„*Redet doch nicht so. Das Leben muss ja schließlich irgendwie auch weitergehen*" gab Birgit seine Frau zu bedenken.

Ümit schaltete unterdessen einige der Lichter im Lokal aus, um seinen Gästen zu signalisieren, dass er längst schließen wollte:

„*Gutes Stichwort Leute. Ich wollt gern zu machen.*"

Günther erhielt einen Anruf auf seinem Smartphone: „*Echt jetzt? Kein Witz? Wo denn? … oh Gott … ja, ich schau, ob ich's noch schaff' … ja … ja … gut … Viertelstunde … ja, … bis dann … so eine Scheiße!"*

Zeitgleich philosophierte Boris: „*Ja, es ist Zeit. Also, … was die Liebe schafft, soll man ja nicht entwürdigen, heißt es. Ich verzeihe Sabin, da ich sie geliebt hab. Soll sie also glücklich werden mit dem Taliban. Ich bin da Sportsmann, … im Ernst. Heute feiern die einen, morgen die anderen. So ist das im Leben. Nach dem Spiel ist vor dem Spiel. Dem Messi hätt' man den Pokal heut doch auch gegönnt. Vielleicht holt er ihn einander mal."*

Die Anwesenden sind sich nicht im Klaren, auf wen oder was sie nun reagieren sollten. Auf Ümits halbherzigen

Rauswurf, auf Günthers stammelnden Alarmismus oder auf den sportlichen Rückzieher von Boris. In der Stille hört man den leisen Fernsehkommentar:

„Wir schalten nun nochmal in die Hauptstadt und zeigen nochmal ein paar Reaktionen auf das Siegtor."

Dazu kommt es nicht mehr, da Ümit nun auch den TV ausschaltet.

„Du, wir schaffen das schon, Liebes", sagte Abdalla und nahm Sabines Hand. *„Ja"*, pflichtete sie ihm bei: *„Auch wenn es hart kommt, wir schaffen das."*

„Am Rathausplatz hat's eine Explosion gegeben sagt der Baumann", teilte Günther den anderen mit und ging zu seiner Frau hinüber.

Zeitgleich redet Boris in Richtung Sabine und Abdalla: „Ja, ihr schafft das, mit Hilfe vom Sozialamt. Bin nur gespannt, was das Amt zum Kind sagen wird."

„Kind? Was für ein … Kind denn?" fragte Birgit aufgeregt. Niemand beachtete Günther, der leicht kopfschüttelnd das Lokal verließ.

Ümit schaltete den Fernseher wieder an.

„Na rate doch mal" grinste Boris in ihre Richtung zurück. Als er die Bestürzung sah fügte er an: *„Das wäre es gewesen, was wir heute sagen wollten. Die Verlobung war ja jedem klar …"*

„Bine? Spinnt Ihr jetzt alle?" Birgit, Sabines Mutter war sichtlich außer sich.

„Du Schwein", zischte Sabine zu Boris und warf ein Glas in seine Richtung, das ihn aber deutlich verfehlte.

„Reg Dich ab. Ich hab die Zeche bezahlt. Warten wir ab, ob das Jugendamt das Kind dem Taliban überlassen wird. Falls ja, wird der schon Geld auftreiben müssen. Ihr könnte zur Abwechslung ja auch mal arbeiten. Wird sicher eine sehr lustige Erfahrung."

„Ich zieh' jetzt den Vorhang zu, Leute."

Ümit hatte keine Geduld mehr und gestikulierte stark in Richtung seiner Gäste, sich zu erheben. Aus der Küche ertönte eine türkische Frauenstimme, die ihn sehr ärgerlich zum Rauswurf der Leute aufforderte.

Die Tür geht kurz auf. Baumann tritt ein, schaut sich kurz um: *„Es hat einen Anschlag gegeben am Rathausplatz. Bleibt am besten hier und wartet ab. Was im Radio kommt. Die Polizei weiß noch nicht, ob nicht woanders was passieren wird. Die Täter können flüchtig oder auch bewaffnet sein."*

Alle schauen sich rat- und ebenso mutlos an. Baumann geht jedoch wieder raus.

Aus dem Fernseher ist zu hören:

„ …. weit nach drei Uhr tanzen noch immer in ganz Deutschland Scharen fußballverrückter Menschen mit Pauken und Trompeten durch die Nacht. Zum Glück

übertönen die Trommeln die nicht mehr ganz treffsicheren Sangeskünste. Und damit zurück ins Studio."

Chana Tausendfels / Yehuda Shenef

Trommeln in der Nacht (2014/2015/2022)

Vorbilder:
Bertold Brecht – Trommeln in der Nacht. (1919/22)

FIFA – WM – Endspiel 2014
Sowie nächtliche Feierlichkeiten in der Innenstadt

Personen und Handlungen sind frei erfunden.

© Chana Tausendfels, Yehuda Shenef 2014/2023

Neuauflage Februar 2023

ISBN: 9783734744266

Herstellung und Verlag: BoD – Books on Demand, Norderstedt

MIX
Papier aus verantwortungsvollen Quellen
Paper from responsible sources
FSC® C105338